好品格故事系

弟弟，不要哭

上課時，老師教同學們做風箏。
嘉嘉做了一隻漂亮的蝴蝶風箏。

 你有玩過風箏嗎？還記得那次的經驗嗎？

放學時，嘉嘉高興地拿着風箏給媽媽看。

　　樂樂看見了，也搶着要拿。

　　嘉嘉說：「不，你拿不穩，風箏會被風吹走啊！」

 如果兄弟姊妹和你爭玩具，你會怎樣做？

樂樂說：「不會的，不會的，我一定會把它抓緊！」

　　嘉嘉經不起弟弟的再三哀求，就想把繩子交到樂樂的手上。

可是，一陣大風吹來，樂樂還未抓住繩子，風箏就被風吹走了。

媽媽和嘉嘉趕緊跑去抓繩子，但風太大了，風箏愈飛愈高，愈飛愈遠。

你能想到一些辦法不讓風箏飛走嗎？

你能用「＿＿愈＿＿愈＿＿」造一句完整的句子嗎？

嘉嘉生氣得大哮起來，説：「樂樂，都是你不好，我討厭你！我討厭你！」

樂樂低下頭來，説：「對不起，我不是有意的。」

媽媽説：「嘉嘉，這次是意外，我們回家再做一隻，好嗎？」

嘉嘉賭氣地說：「我不要再做風箏了！」

回家後，嘉嘉一直不理會弟弟，樂樂也很不開心。

嘉嘉在發脾氣，但是她看來也不開心，為什麼？她會不會覺得自己罵得太過分？

第二天在校園裏，小雅匆匆跑過來告訴嘉嘉，說樂樂正在課室裏哭泣。

嘉嘉和小雅立即跑過去，

只見家希正惡狠狠地對樂樂說：

「你為什麼搶我妹妹的書？」

家希手上拿着的是什麼書？想一想，樂樂為什麼要搶着看這本書？

樂樂摸着疼痛的右手，嗚咽着説：「我沒有搶啊！我只是想看清楚一點而已！」

　　家文也拉着哥哥説：「哥哥，樂樂沒有搶我的書，我們是一起看的。」

嘉嘉立刻把樂樂拉到自己身後，站在家希和樂樂中間，說：「喂！你為什麼欺負我弟弟？你快些道歉。」

　　家希說：「我才不會道歉，你昨天不也在欺負你弟弟嗎？還說討厭他呢！」

家希為什麼會說嘉嘉欺負弟弟，試說說看。(可參看 p.10)

「昨天，我只是……我只是……」
嘉嘉想起昨天對弟弟的態度，也覺得
自己有點兒不對，被家希這樣一說，
不知道怎樣回答才好。

　　家希趁機把圖書塞回妹妹的手裏，
便馬上離開。

嘉嘉這時才轉過身來看看弟弟，
一邊拿出小毛巾給弟弟擦眼淚，一邊
溫柔地說：

「樂樂，不要哭，你的手很痛嗎？」

 如果你的弟弟妹妹或好朋友正在哭泣，你會
怎樣安慰他？

樂樂望着嘉嘉，說：
「剛才給他大力推了一下，
手臂還有些痛呢！」
　　家文說：「樂樂，對不起，
我哥哥常常欺負人，我回家會
告訴給媽媽知道。」

 家希的做法是不是在欺負別人，試說說看。

小雅摸着家文的頭說：
「家文，你哥哥也是因為愛護你，
才誤會樂樂欺負你，今次就算了吧！」